DISCOVRS ET CONSEIL SALVTAIRE SVR L'ESTAT PRESENT DES AFFAIRES DU PAIS BAS.

DISCOVRS
ET CONSEIL
SALVTAIRE SVR L'E-
ſtat preſent des affaires
du Pais Bas.

Imprimé l'an de grace,

M. DC. V.

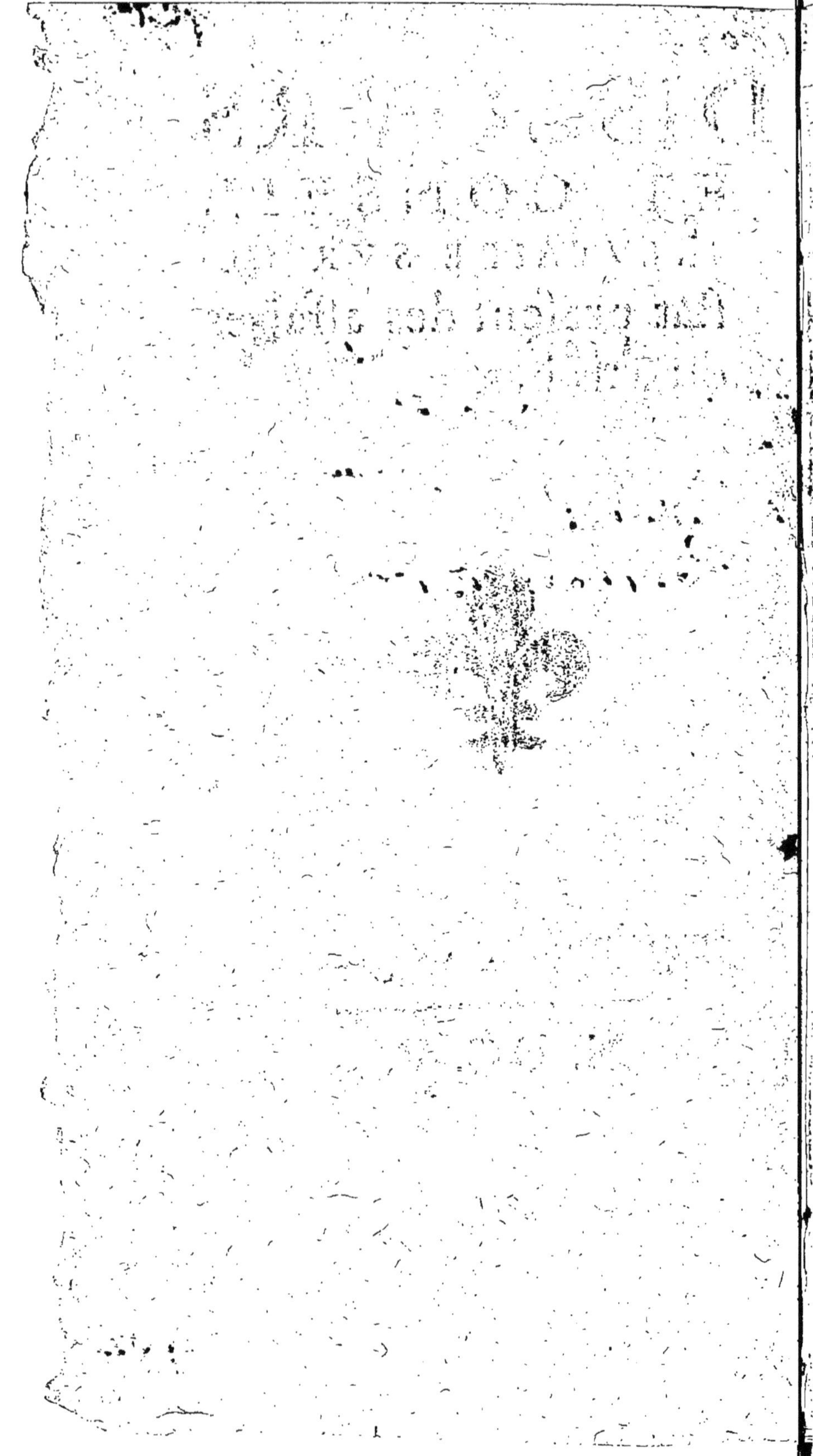

DISCOVRS ET conseil salutaire sur l'estat present, des affaires du pais Bas.

IL n'y a rien parmi nos miseres & calamitez qui me deplaise plus, que de voir que nous nous allons tousiours repaissans des vaines esperances que l'on nous a donnees depuis vn si long temps sans aucun effect, & que cela nous faict negliger les moyens de remedier à la ruine & subuersion qui nous menace de si prés, que nous ne scaurions dire si nous en sommes à la veille ou au iour.

Chacun recognoit bien que nous ne scaurions durer en l'estat ou nous sommes, & qu'il se doit encore bien tost changer en vn pire: mais peu ſcauroint ou oſeroint en dire les remedes, doncques pour ne parler en termes generaux comme pluſieurs font, ie deſire de particularizer icy ſuccinctement les ſubjects de nos iuſtes apprehenſions & les maux qui nous menacent, à fin que s'ils ſont ſans remede, que nous nous reſoluions de les ſupporter conſtamment: & s'il y en a quelqu'vn, que nous le recherchiōs ſogneuſement, car ce n'eſt rien de decocher ſes fleches ſans planter quelque but.

La pire condition d'vn eſtat trauaillé par la guerre, c'eſt d'y eſtre touſiours ſur la defenſiue ſans pouuoir à ſon tour entrer ſur l'offenſiue, d'auoir ſes ennemis proches, & ſon ſecours eſloigné, d'y voir auguementer les deſordres à meſure que les moyens d'y remedier diminuent, & finalement de ne pouuoir esperer de paruenir à vne paix, soit par traicté ou par l'effort des armes. Ces trois conditions se trouuent en la nostre telles que toute esperance de les voir changer nous est interdicte.

Nous ne pouuons en premier lieu entrer au païs des ennemis, pour y portant la guerre, respirer dans le nostre, l'on l'a tété envain par plusieurs fois, & mesmes depuis peu par les costez de Dresbeich, de Saghiug & de Bommel, ce qui n'a serui qu'a les affermir & fortifier d'auantage qu'ils n'estoint: Ils sont couuerts & enserrez de toutes parts de la Mer, des bras du Rhin & de la Meuse, puissans en vaisseaux & en toutes sortes d'equippages necessaires pour en defendre les passages, ou fauoriſez d'vne telle aſſiette bien recognue de l'antiquité, qui n'a demandé d'eux que ce qu'ils ont voulu bailler: Ils peuuent plus faire de mil ſoldats que nous de deux ou trois fois d'auantage.

En ceſte guerre defenſiue les peuples ſont ſans ceſſe oppreſſez de leurs forces meſmes, deſquelles la foule qu'i ſ'ē reſſent eſt touſiours difficile à ſupporter pour petite qu'elle puiſſe eſtre, qu'vne bien plus grande venant des ennemis: Car le mal redouble, ou du moings le regret qu'on y a quand il eſt faict par ceux d'ou l'on attend le bien & la conſeruation.

La condition du ſoldat en vne telle guerre n'eſt pas meilleure que celle du peuple, car il ne ſe peut preuoloir d'aucũ butin, qui eſt ſa principale eſperance, en ce qui le faict plus gayement expo-ser aux perils:les commodités de la campagne luy sont interdites, & la simple paye (dont il est impossible qu'il se puisse tousiours bien entretenir) souuent vient à luy manquer: car les païs oppressez ne satisfont la plus part du temps à ce qu'ils promettent en esperance d'allegement.

Quant au secours qui nous vient de dehors, il a serui à la verité iusques icy à faire durer & prolõger nostre misere, & à nous faire perdre pied a pied: Mais il n'a iamais esté assez puissant ny ne le peut estre pour nous en tirer. C'est en fin le secours d'Espagne qui vient auec beaucoup de bruit & d'apparat & trespeu d'effect, & tousiours apres les occasions passees, trop tard pour nous defendre: & trop tost pour nous oppreſſer : Il le faict tirer quaſi tout des extremitez de l'Italie, & du fonds de l'Eſpagne, d'ou auant qu'il puiſſe paruenir icy, la longueur & fatigue des chemins, en a conſommé vne grande partie, & ce qui en arriue a tout beſoing de repos, ſinon & qu'on les vueille employer ſans les faire ra fraichir, l'ō les void fondre cōme la neige au Soleil, & ruyner auant qu'ils ayent eu moyen de ſeruir, & de ſe recognoiſtre, la ou nos ennemis n'ont qu'a frapper du pied en terre il en ſort de tous coſtez en vn moment de frais, & tout preſts à ſeruir autant qu'ils en peuuent entretenir, dont les plus elognez les ioignent en trois ou quatre iours, ce qui nous cauſe vne entreſuite d'accidens: Car comme on dit, le premier coup en vaut deux, & ils ſōt touſiours pluſtoſt preſts que nous de ietter leurs forces en campaigne, deſquelles meſmes ils ont cet auantage de ſe pouuoir deſcharger d'vne partie quand le temps & les occaſions de la guerre le permettent: Ce que nous ne pouuons faire, car les noſtres viennent de trop loin pour les y renuoyer, de ſorte qu'il nous en faut touſiours ſupporter la foulle & l'oppreſſion.

Touchant l'argent & moyens de faire la guerre, nous auons veu les annees paſſees que le Roy Catholique abandonnant le ſoing de la conſeruation de ſes eſtats ſ'eſt volontairement porté à des conqueſtes imaginaires d'Afrique, d'Irlande, & autres ou il a beaucoup employé, & que ce qui nous ſouloit venir de ſe coſté la nous a ſouuent manqué au fort de nos affaires: A ceste heure qu'il a des enfans, & que la necessité des siennes augmente, & se descouure plus grands chacun iour, iugeons ce qui s'en doit esperer.

L'Espagne quoy que l'ō vueille dire est poure à lesgard des grands charges & extresmes despenses qu'il luy faut supporter, son trafficq d'espiceries des Indes Orientales est fort diminué, & incommodé par les Hollandois, l'or & l'argent des Indes Meridionales & Occidētales n'y viennēt plus comme ils souloint: Les Mines si espuisent comme elles ont faict ailleurs, & puis l'on n'y peut faire trauailler auec tant de milliers d'hommes que par le passé, les Espagnols au lieu de les peupler & meliorer les ont pour la plus part desertees, & s'y trouue des Isles & contrees où il y auoit quatre & cinq cens mil Indiens quand ils les conquirent, lesquelles à present par leur auarice & rudesse sont presque inhabitees. Le feu Roy Catholique vsa d'vne tresgrãde espargne quelques annees deuãt sa mort, ruyna par ses decrets quasi tous les marchans qui auoint negotié auec luy, & neantmoings c'est chose bien cognue qu'il laissa sa couronne grandement endebtee, & sans nul fonds.

Il est bien aisé à iuger que le fils est bien plus en arriere que n'estoit le pere, puis que l'õ sçait qu'il a d'auantage despendu en vne annee que son pere n'auoit faict en trois n'y en quatre, la plus part sans besoing & le tout au gré de celuy qui le possede: Ce qui peut apporter de grands desordres & empescher que l'on ne satisface aux despenses plus necessaires & importantes.

Ainsi nous voyons que par faute de moyens la cõfusion augmente chacun iour en ses estats ou nous auons (outre l'oppressiõ cõtinuelle des garnisõs & armees amies & ennemies) plusieurs Mutins formez , & vng seul autresfois, qui fut celuy d'Alost renuersa tous ses estats en vne saison, mesmes que les Mutinez se gouuernoint auec moings de desordre qu'a present : Il est encore a craindre qu'au lieu de satisfaire à ces vieux Mutinez qui sont en pied , qu'il ne s'en face de nouueaux. La difference qui se donne aux Mutinez & à ceux qui ne le sont pas fera que nous n'en manquerons iamais quand il n'y auroit que ceste raison la, car les vns sont logez à couuert dedans les villes closes, exempts de trauail & peril, & reçoiuent outre ce qu'ils pillent en la Campagne douze & quinze sols par iour pour soldat à pied, & vint quatre & vint six sols pour celuy de cheual, & finalement ils ont leur remat & payement entier, la ou les autres qui sont exposez à l'ennemy & aux fatigues continuelles de la guerre, ne reçoiuent que si peu qu'il ne sçauroit suffire pour entretenir la plus miserable personne du monde, & ne sont iamais, s'ils ne se mutinent, encore que pour dire vray ils ne le soint iamais bien: car l'on leur charge & deduit ordinairement le pain, les armes, & les habits de munition qu'ils ont receus, trois fois plus qu'ils ne valent, & plusieurs choses mesmes qu'ils n'ont pas receües, au lieu que les autres

Princes font deduire toutes munitions à moings qu'elles ne leur coustẽt, affin que le soldat se puisse entretenir de sa paye.

Outre ce, l'indignation des soldats ou est tombé nostre Archiduc, & tant de manquemens de ses promesses, font qu'ils se mutinent à chacũ bout de chãp: Il n'y a point eu de Gouuerneurs generaux en ses estats depuis les guerres commencees soubs lequel pour disgratié qu'il ait esté, il se soit faict d'auantage de deux ou de trois mutinemens au plus, aucũs les ont euité du tout quelque necessité qu'ils ayent euë: Mais depuis l'arriuée de son Altesse il s'est faict vingt Mutins formez que i'écriray icy, affin qu'on ne pense pas que i'adiouste au nombre: Asscauoir, celuy de Dieſt, D'ardres, de Carpen, de

Calais, de la Capelle, de Wert, du Castelet, de Dourlās, de Cambray, de la Citadelle d'Anuers, du fort de ſainct André, de Creuecœur, de tous les vaiſſeaux de l'Admiraulté qui ſont ſur l'Eſcault, de deux forts qui ſont entre Anuers & l'Iſle, du ſas de Gād, de l'Ecluſe d'Hults, du fort de ſaincte Claire deuāt Oſtēde, d'où nous ſommes tous les iours oppreſſez comme l'on void.

L'Archiduc a trouué depuis deux ans ou enuiron, vne inuention pour fruſtrer les vieux ſoldats de leurs auantages ſignalez & meritez, qui ſera encore cauſe que nous aurons plus de mutinemés que iamais, c'eſt qu'il ne ſe faict plus de montres comme il ſouloit: mais traittant tous les gens de guerre egalement, il leur a ordonné à chacun quatre ſols par iour qui manquent bien ſouuent : Les vieux ſoldats auantagez voyant cela, ne faudront iamais de ſe mutiner pour eſtre payez du ſurplus qui leur peut reuenir lors que la ſomme le vaudra, ſcachant bien qu'ils n'en ſcauroint rien tirer autrement: & quãt aux biſongnes & nouueaux venus, ils ne ſont pas ſubjects aux mutinemens, pource qu'il n'y a rien à profiter pour eux, d'autant que leur ſolde eſt ſi petite, & les charges qu'on leur faict ſi grandes & ſi exceſſiues, qu'ils deuront touſiours pluſtoſt qu'il ne leur ſera deu: Mais recognoiſſant la triſte vie qu'ils paſſent en vne vieille guerre comme eſt celle cy ou il n'y a rien à gagner que des coups, ils ſe retirent la plus part: Ainſi ſon Alteſſe voulant tromper les ſoldats, ſe trouuera trompé &

pé & des ieunes & des vieux, & n'en ſera iamais bien ſerui par les moyens quelle tient.

Les miniſtres & principaux officiers Eſpagnols ſuperbes, & incapables, qui manient, tournēt, & virent tous les reſſorts de ceſt eſtat, comme il leur plaiſt, & diſpoſent des moyens qui viennent de leurs pais, dont ils en conſomment la plus grande partie inutilement ſuiuāt leurs paſſions, ſont cauſe de ces inegalitez & nouueautez, & de ce que l'ō n'a pourueu à reprimer ceſte couſtume de mutinement: Ils s'oppoſerent aux moyens qui en furent propoſez aux derniers eſtats generaux, & ſemble parmi eux que ce ſoit vn crime d'en traitter : Cependant ces mutinemens empeſchēt que l'on ne puiſſe rien entreprendre qui reuſſiſſe, & conſument les deniers deſtinez pour faire la guerre, & les meilleurs ſoldats qui y deuroint ſeruir. Car le plus clair ſ'en va en l'entretenement & payement des mutinez, & quand ils ſont payez ils ſe retirent quaſi tous, les vns voulant mettre leur argent en ſeurté, les autres craignans les reſſentimens, & la plus part pource qu'apres qu'ils ont eſté mutinez, ils ne peuuēt plus eſperer de grades ny de charges, leſquelles par conſequent ſont donnees à gens neufs, & inexperimentez, & par ce moyen vn mal en attire pluſieurs, & tous enſemble noſtre ruyne ineuitable.

Touchant les moyens de la paix nous en ſommes ſi eſlognez que nous n'y ſçaurions ſeulemēt atteindre auec l'eſperance : Nos chefs n'ont pas à leur euenement trouué le chemin pour y parucnir, ils ont perdu toute confiance, ſans laquelle il ſeroit malaiſé de traitter, & puis ayant à le faire auec gens de differente religion, ils ne deuoint auoir permis les ſupplices qu'ils ſe ſont faicts à ceſte occation, meſmes celuy d'vne ſimple femme qui fut enterree viſue aux fausbourgs de Bruxelles, tirant vers Louuain, laquelle il euſt peut eſtre eſté plus à propos de bannir que d'en venir là, attendu qu'elle ne pouuoit enſeigner ny dogmatiſer : Mais quoy! nous voyons bien clairemēt que ce n'eſt pas ce qu'on deſire que la paix: l'Eſpagne ſeparee de nous d'vne ſi grande diſtance, veut entretenir & faire icy loing d'elle ſon champ de Mars, conſeruant cependant toutes ſes autres prouinces & dominations paiſibles: il ſeroit du tout impoſſible d'induire les miniſtres Eſpagnols d'accorder ce qui ſeroit neceſſaire pour faire venir les Hollandois à vne paix : Car les orgueilleux ayment mieux rompre que plier, & de meſmes dedaigner ce poinct ſur les Hollandois de ſe contẽter de ce que les Eſpagnols leur voudroint accorder: ainſy ce ſeroit temps & paroles perdues que d'en traicter.

Quant aux moyens de paruenir à la paix par la guerre, & ſurmontant nos ennemis par l'effort des armes, il y a encore moings d'apparence que par le traitté: nos voiſins puiſſans & redoutables ne la deſirent point, & ne la doiuent deſirer par raiſon d'eſtat, la grandeur d'Eſpagne ſuſpecte à tous les potentats de l'Europe, & laquelle n'eſt à craindre que par ce coſté cy, en ſeroit trop accreüe, & outre les difficultez qu'ils apporteront tousiours à ce desſein: il y en a tant d'autres, que le temps de les dire defaudroit plustost que le subject.

Et quant mesmes les Hollandois seroint abandonnez de tous les princes voisins, & reduicts sur la simple defensiue. Si nous n'auiõs pour les entreprẽdre d'autres forces & moyens que ceux qu'õ y employe ordinairement encore ne pourrions-nous esperer d'ẽ venir de long temps about: Ceux qui ne cognoissent pas bien l'assiette de leur païs peuuẽt iuger l'eschantillõ d'Ostẽde qui est loing d'eux, ce qui est du reste de la piece qui y est ioinct & contigu: La plus grande partie de villes & forteresses qu'ils tiennent sont Maritimes, & ont les ports & haures encore plus libres, & ouuerts que celuy d'Ostẽde qui est des moindres: de sorte qu'õ ne les scauroit bien assieger ny leur empescher le secours sans armees Nauales, où chacun scait, & l'experiẽce l'a mõstré que leur puissance surpasse de beaucoup celles d'Espagne, ainsi par le traitté ne par la force nous ne pouuons esperer aucun repos ny allegement.

Parmy tant d'incõueniens qui nous menacẽt, que deuons-nous finalemẽt attendre? Iugez ie vous supplie s'il seroit biẽ possible que ces païs espuisez de moyens continuassẽt les efforts qu'ils ont fait apres nos estats en esperance de quelque allegemẽt, & ceux qu'ils font encores chacun iour, bien que toutes nos esperãces soint esteintes & foudroyees: Iugez aussi ie vous prie s'ils se relachent, & ne le font, ce qui en peut arriuer puis que l'ayant faict ils n'ōt riē auācé que leur ruyne mesme. Certes il est ineuitable parmi tāt de miseres & de ruynes, & si peu de cōduite & d'adresse, que le peuple ou le soldat, & peut-estre tous deux ensemble ne donnent à trauers des escueils, & que nos voisins ne se seruēt de pioche en pioche du bris de nostre Nauire sur lequels ils ont l'œil fiché : Les trauaux & charges moderees retiēnēt chacū en son deuoir, mais les violētes & continuelles reduisent tout au desespoir : d'ailleurs tous les moyens & puissances humaines d'estituees de conseil comme nous sommes se fondent prōptemēt dessous leur grādeur mesme.

Ie crains encore plus que ie n'oserois dire, que le bruyant trōpete de la France ne nous resueille en sursaut l'vn de ces matins, les ſubjets de la guerre ſont encore plus grands entre ces deux grãds Roys qu'ils n'ont iamais eſté entre leurs deuãciers, leſquels y ont paſſé la plus part de leur age, l'iniuſte detention du Royaume de Nauarre & du Cõté de St. Paul, & autres, & la facilité de l'ẽtrepriſe de ces eſtats ſõt de grãds pretextes, & de grands eguillons pour y entendre: Que ſi aux termes ou nous ſommes, le Roy de France fait ſeulement cognoiſtre qu'il en a le vouloir, tout eſt perdu, ou ſi fort esbranlé qu'en attẽdant la cheute du general, la plus part ſ'en eſlognerõt delaiſſant au deſtin le ſoing d'en diſpoſer, & iront rechercher leur conſeruation particuliere d'vn coſté & d'autre, ſ'eſtimans bien heureux ſ'ils la peuuent trouuer.

Ainſi que toutes choſes tendẽt

à leur

à leur centre, les vœux & volontez des peuples oppressez par la longueur des guerres ne tendent qu'a la paix, & quiconque paroist la leur pouuoir donner, ils luy adherent: nos peuples qui n'ont veu en tout le cours de leurs vies que guerres & desolatiõs cõtinuelles, & qui n'esperẽt que leurs enfans & neueux puissent encore voir apres eux autre chose par le chemin que l'Espagne leur faict tenir, si tost qu'il se presentera vn autre qu'ils estimerõt plus court & plus droict pour atteindre à ce but tãt desiré, ils ne faudrõt pas de la suiure: & venant le Roy de France à se mõstrer sur nos frontieres, bien ferme dedans les arçons, nous ne les sçaurons plus retenir ny empescher qui ne s'aille iecter d'vne course precipitée entre les bras de sa Majesté, sans traicté ne cõditiõ:

& quant aux grands du païs que la venue de son Altesse en ses estats a tous ruynez pour les extremes despenses ou il les a portez, sans qu'ils trouuent en elle nulle ressource, peut estre n'en ferōt ils pas moings : Et Dieu scait si ce courtois & magnanime prince scaura bien recueillir tout ce qui se viendra presenter deuant luy sans se contraindre ny forcer.

Et quand nous voudriōs tous ensemble mesprisant sa bonté & sa clemēce esprouuer sa valeur recognue d'vn chacun, & nous resouldre d'attendre ce dernier choc de pied ferme, cela ne pourroit de rien seruir que d'empirer bien fort nostre condition.

Nous nous trouuerriōs en vn instant enclos & enuironnez de toutes parts d'ennemis, la Mer de laquelle ils sont mers & ce que les

Hollandois possedent, nous bornent d'vn costé & la Frãce de l'autre, il ne nous resteroit qu'vne forte estroicte aduenue deuers le Luxẽbourg, qui dés cest'heure n'est gueres libre, & laquelle seroit biẽ tost du tout bouchée, quand la Frãce seroit d'vn costé, & les Hollandois de l'autre, de sorte que nous ostãt tous les passages de la mer & de la terre ferme, nous ne pourriõs plus attendre nostre secours que du ciel, lequel ne s'ouure pas tous les iours pour faire des miracles & sauuer miraculeusement ceux qui ne l'ont pas recognu quand il la faict.

Mais laissãt les miracles à part, & traictant des choses naturelles qui sont de nostre iugement, lesquelles chacun peut voir à l'œil, & toucher au doigt : dictes-moy ie vous prie qui c'est qui nous pourroit donner du bled ceste guerre aduenãt pour nourrir nos armees? Les garnisons & le peuple de la campagne refugié dans les villes quãd la guerre les presse, & tout le surplus de ce païs auquel il se employe en la cõposition des breuages plus du tiers de ce qu'õ en recueille, & ou il n'ẽ croist pas le quart de ce qui y est necessaire, mesmes quand le labeur de Hainault & d'Arthois ouuert aux courses de Frãce viẽt à estre incõmodé, & làou le pain faut tout est à vẽdre. Outre ce, qui nous pourroit faire venir du sel, du vin, ny plusieurs autres alimens necessaires à la vie humaine qui ne croissẽt en ces estats sãs qu'ils fust tresaizé à nos ennemis de l'epescher? Il est ineuitablemẽt : que, les pris de ces choses redoubleroint incõtinent, & que soudain apres la plus part viendroit à nous manquer du tout. Quãt aux munitiõs de guerre l'on ſcait bien le defaut que nous en auõs, d'ou nous le tirons en la facilité d'en couper les chemins, brief ſans nous riẽ oſter & faire autre mal que de ne nous riẽ laiſſer paſſer il leur feroit facile de nous reduire en vne extremité du tout inſupportable, & lors nous ne pourrions au plus, faire eſtat de tenir que cõme vne place aſſiegée, c'eſt à dire autant que les viures & munitions que nous aurions deuant nous dureroint, & qui feroint treſpeu: Il nous faudroit apres receuoir les conditiõs telles que lõ impoſe à ceux qui ſe laiſſent reduire aux dernieres extremitez, & traicter comme on dict le pognard ſur la gorge.

Les Hollãdois ſe ſeruans de ceste guerre de France ne perdroint pas le tēps, & gaignant cependāt quelque place par la force, ils les priueroint (comme ils ont faict la Frize & les autres prouinces) de la religiō Catholique que nous deuōs nous euertuer sur toutes choses de cōseruer, brief nous seriōs miserablemēt dissipez seruans de proye & butin aux vns & aux autres, & de sāglāt theatre, sur lequel se iouëroint maintes tragedies aux despēs de nostre imprudēce.

Tous ces maux sont tresgrāds, recognus d'vn chacun, & cōme pendants sur nos testes, neantmoings ie ne tiēs du tout les choses deplorees en vn estat, quād il reste quelque moyen d'y remedier, & qu'on le veut suiure.

Nous en auons vn qui pousse à nostre porte, lequel plusieurs scauēt comme moy, mais nul ne l'ose dire, il ne leur est permis, ny mesmes respirer nos plaintes qu'õ voudroit bien encore faire estoufer du tout.

Auant tout ie vous diray que ie n'approuue nullement de nous accorder & vnir seuls auec les Hollãdois cõme il vo⁹ a esté proposé, nous deuõs prendre la dessus cõseil de l'aduenir sur le passé, & cõsiderer que nous auons autrefois esté ioints ensemble, & que l'Espagne nous a contraints apres beaucoup de feus alumez & de sang respandu de nous separer, & rentrer sous son ioug: ceste derniere erreur seroit plus à blasmer que toutes les autres, s'il nous faut vnir auec eux, il est encore besoing que ce soit auec quelqu'autres assez puissant pour nous donner la paix, pour nous y maintenir, & pour chasser promptemẽt de ces estats les garnisons & forces Espa gnolles, car ſeuls nous ne le ſcaurions faire, & puis le Roy de France ſ'il n'eſt intereſſé ne ſeroit obligé de refuſer les paſſages de deça qui ſont en ſes mains aux forces, & moyẽs d'Eſpagne qui nous viẽdroint touſiours troubler, ainſi voulans ſortir d'vne guerre nous entrerions en vne autre, qui eſt tout ce que nous deuons craindre & redouter.

Le ſeul remede de tous les maux qui nous preſſent, & le moyen d'euiter ceux qui nous menacẽt de conſeruer la religiõ Catholique, & de iouïr d'vne paix biẽ ferme & aſſeuree, c'eſt de porter & vnir ces eſtats entiers auec la coronne de France ſuiuant lexemple de pluſieur autres prouinces leſqueles pour ſe garantir des guerres qui les oppreſſoint en ont fait de meſme, & pour paruenir a cela il ne faut que contribuer nostre volonté alaquelle les Hollandois serõt prompts de se ioindre, & quand nous le ferons ensemble auec la France: il ny a rien au mõde qui puisse de la en auant troubler nostre repos, ny par mer, ny par terre, alors nous pourrõs biẽ appendre nos vestemens moüillez à Neptune, & nous vãter d'auoir eschappé les bourasque des Aquilons furieux, & pris port asseuré contre toutes tempestes. Et encore que les Hollandois n'approuuassent ce dessein, si ne deuõs-nous pas delaisser d'y entendre, car nous estans ioints & vnis auec vng si puissant Rayaume & si voisin, ils ne nous sçauroint plus nuyre, & puis nous sçauons bien qu'ils l'ont fort recherché & desiré autrefois, de sorte qu'il n'y a point d'apparẽce de croire qu'ils le voulussēt rejetter a ceste heure

LesEspagnols qui seuls se trouueroint interessez en cela sont fort eslognez de nous pour s'y opposer, ils ont perdu le passage de leurs forces du costé d'Italie par le traicté de Sauoye, & les autres tant par mer que par terre leur seroint interdits: Ils n'ōt garnison que dedās neuf places: Asscauoir dans la citadelle d'Anuers, dans celle de Gand, au sas de Gand, à l'Escluse, à Nieuport, à Emdermond, à Cambray, à Roermōde & à Dixmade, encore dedans plusieurs de ces places, il ny a qu'vne escouade d'Espagnols, & en aucunes les garnisons sont meslees de soldats Espagnols & Walons; & en d'autres, les habitans y sont les plus forts.

Dailleurs ceux qui ont biē recognu ces neuf places, dirōt auec moy qu'il n'y en a que trois qui ſoint fortes & tenables, & que les autres ſont tresfoibles, tout cela ayant le pays contraire, & vn Roy ſi puiſſãt & ſi voiſin que celuy de France en teſte ne tiendroint pas tant cõtre luy, que firent la Breſſe & la Sauoye qui eſtoint biẽ vnies en elles meſmes, & auoint au reſte toutes choſes auſſi fauorables pour leurs deffenſes qu'elles ſe trouueront icy cõtraires : ce que recognoiſſans les chefs qui y cõmandent ils ſeroint traiſaiſez à rãger à la raiſon par le diſcours ou par la force, & ſe cõtenteroint de leur retour libre & aſſeuré en Eſpagne comme il leur fut donné pour ces eſtats par ſa Majeſté treſchreſtiẽne apres la ligue de Fran.

Quãt à leur armee, chacũ ſcait l'eſtat ou elle eſt reduicte, le peu d'hõmes de cõmandemẽt qui ſ'y trouuent, ayant quasi tous les capitaines, officiers, & persõnes experimentees qui y souloint seruir esté tuez & sacrifiez à nostre inexperience & mauuaise conduicte, & quant à ceux qui l'ont eschappee, ils ont esté mal traictez ou congediez pour faire place à d'autres, poussez en auãt par la faueur de la Cour laquelle pouruoit icy en toutes les charges des armees, plustost que la valeur ou autre merite, chacũ sçait aussi le mecõtentement des soldats, la haine, & le mespris du Chef à qui les armes ou il n'a esté nourry, sont peu fauorables, que riẽ ne luy succede. Adioustez à cela ce qu'ils ont à souffrir chacũ iour, & iugez apres l'estime qu'il s'en peut faire, s'etẽs des forces Espagnolles: car ie tiẽs pour certain que celles du pays ambrasseroint nostre resolution, comme elles ont faict autres fois pour vn bien moings asseuré que celuy cy: & quãd ils en auroit aucunes si alienees du repos de leur patrie qui ne le voudroint faire, ils ne pourroint euiter auec ceste armee destituee de chefs & de cõduictes d'estre bien tost enueloppez & couuerts de sa ruyne.

Sõ Altesse qui à la verité a plusieurs vertus d'vn bon Prelat & Prince ecclesiastique, & tous les defauts d'vn grand capitaine cõsiderant la hauteur de son entreprise, & le peu d'apparence, ayant failly sous tãt de chefs experimẽtez qu'elle puisse iamais reüsir sous luy, voyãt d'ailleurs la foible assistance qu'il tire d'Espagne, seroit bien aise de s'en voir honestement deschargé, & l'Infante estãt hors d'esperãce d'auoir des enfans qui luy puissent succeder en ses eſtats, ou elle ne reçoit que meſcōtentemēt ne deuroit eſtre marrie de retourner en Eſpagne iouyr du repos ou elle a eſté nourrie & eſleuee, & de quelque partage de prouince & païs paiſibles. Ce n'eſt pas ce qu'il faut à noſtre Archiduc qu'vn eſtat troublé. Auſſi ſes parens qui auoint bien recogneu ſon inclination, l'auoint voüé en l'Egliſe: Ils faudroit pour nous reſtablir des mouuemēs plus prōpts & plus gaillards que les ſiens: Ceſte grāde grauité à laquelle il ſemble attaché, & dont il n'oſeroit ſortir de craindre de meſprendre l'empeſche de ſe communiquer à ſes ſubjects en vn pays, ou il ſeroit plus requis qu'en nul autre, il ſe faict ſeruir par les plus grands, & meſmes par ſes cōfreres & cōpagnōs d'ordre, iuſques aux choſes indignes d'eſtre n'ōmees: l'ō void chacun iour grand nõbre de noblesse qui pourroit bien s'ẽployer à la teste d'vne cõpagnie de caualerie, ou d'vn regiment, ne s'exercer qu'à porter des plats sur sa table; & d'autres encore à d'autres choses beaucoup moins necessaires: La vaine grãdeur de ceste maison (tres-mecanique au reste) embarasse les armees ou il va, & remplit toutes les villes ou il loge de bouches & de persõnes aussi inutiles que sont les gardes d'Ames en vn pays si froid que le nostre, & qui pis est cõsumẽt les deniers plus nets & liquides qu'on puisse recouurer: Mais quoy! L'archiduc se plaist tant à cela pourueu que rien ne mãque de ce qui despend de ceste grandeur imaginaire, il se donne peu de peine du reste: Et quant aux affaires de la guerre, il n'y entre que par force,

&ne se plaist nullemẽt en cest art: Aussi toutes les fautes passees ne l'ont pas rendu plus capable qu'il souloit estre, il est tout prest d'en faire encore de plus grãdes, & auec les mesmes outils, il ne sçait faire marcher, cãper, viure, & encore moings exploicter vne Armee, & si de cent conseils ou de cent hõmes de guerre l'on luy dõne le chois, il prendra tousiours le pire: Or iugez si cela est propre pour nous restablir, ou pour nous conseruer, & à quoy le tout tend.

Au reste toute la Chrestienté, hors l'Espagne fauoriseroit nostre dessein, car outre les grandes raisons qu'ils en ont, ces estats seruent de magazin & de descẽte de plusieurs marchandises à la plus part de l'Europe, dont le traffiq est empesché & toutes choses encheries à cause de la guerre que l'Espal'Espagnol y entretient, auec la ruyne du pays & incommodité de tous les princes voisins.

D'ailleurs ces deux grãdes Couronnes opposees l'vne à l'autre ne pourroint apres ceste vniõ venir si facilemẽt aux mains que par le passé: Ayãt la nature mis de si fortes & grandes barrieres aux autres frontieres de leurs dominations qui sont les Alpes, les Pirenees, & la Mer, tresdifficiles à franchir en tout temps, comme l'experience du passé l'a assez monstré: Ainsy laissant la Chrestienté en paix, ils tourneroint leur armee contre l'ẽnemi commun du nom chrestiẽ.

Ces pays depẽdroint d'vne dominatiõ ferme & stable à cause de la loy salique qui s'obserue en Frãce, & ne seroint plus subjects aux mutatiõs & changements cõme ils ont esté par le passé à cause des alliances que les filles qui en heritent prennẽt & de tõber en mains d'Allemans, d'Espagnols, & de gouuerneurs estrangers qu'ils y commettent, chacun desquels apporte icy son impurité, & nous veut regir à sa mode.

Quant aux mœurs des Frãçois qu'aucũs de nos Espagnolisez rejettent tãt, ie leur aduoueray que la nation Françoise peut auoir ses defauts, ainsi que toutes autres, car ils n'y en a point d'exempt, & la propre qualité des choses mortelles est l'imperfection, mais ils m'aduouerõt aussi que les Fràçois ne sont pas ordinairement superbes auares, ne cruels, & que leur courtoisie & liberalité conuient bien mieux auec nostre frãche & libre humeur qu'auec l'orgueil insupportable de la nation Espagnolle que nul autre ne peut souffrir, & dont la nostre particulieremēt est si eslognez qu'il seroit impossible de faire iamais d'eux & de nous, enquoy que ce puisse estre, vne bonne cōposition: Mais nous ioingnant auec la Frāce par dessein & electiō puis que la plus fauorable des accidens qui nous menacent c'est d'y estre porté par la force: Nous pourrions biē faire nostre condition, & traicter de sorte que tout ce que lon crainedroit pour ce regard ne nous scauroit iamais preiudicier, & puis ce sont és pays conquestez, & durāt les guerres mere des desordres que toutes nations se licentiēt & debordent: mais en vn estat qui n'auoit besoing de garnisons ny d'armees, & qui seroit pacifique comme nous rendrions le nostre vsant de ceste preuoyance chacū se contiendroit en son deuoir de vocation, & la iustice se rendroit egalement à tous, ce que nous ne pouuons iamais esperer soubs la domination Espagnolle.

Le Roy treschrestië lequel entre les autres vertus qui logent en son ame genereuse, à celle de la clemence si viuement empraincte qu'il en est admiré d'amis & d'ennemis, s'estant deporté enuers ses subjects vaincus & soubmis auec tant de douceur que chacun l'a peu voir, ne conserueroit pas seulement nos priuileges, mais nous portans volontairement soubs sa dominatiõ il les nous accroistroit. Quãt à la religion, l'õ sçait cõme les choses s'accõmodent doucement en Frãce, sans que nul y soit violeté: ce qu'ẽ effect a remis plus de persõnes au droit chemin que n'auoit fait auparauant toute les forces qu'on y auoit employees.

Sa M. voyant nostre bonne volonté la receuroit benignemẽt, se comuniqueroit à nous cõme vn bon prince, prẽdroit soing de nostre conseruatiõ : nous deschargeroit des insupportables maltottes & impositions donc nous sommes accablez, bref procedãs auec luy de ceste sorte, il nous donneroit cõme l'on dit la carte blãche, se contẽtant de nostre recognoissance d'espargner chacun an vn milliõ de liures par nostre moyẽ, que du moings il a employé à l'ẽtretenement des forces & garnisons d'vne si lõgue frontiere que ses estats font au sien de n'auoir plus cõme il a ordinairement dãs ce pays icy des armees voisines de son Royaume, ce qu'en tout tẽps apporte des ombrages & de la despense & de voir au reste la Frãce bornee & couuerte du seul endroit par lequel elle a esté & peut estre encore endommagee.

Le trafficq de toutes marchandises qui a quasi esté en ses estats seroit remis, & libre de l'vne en l'autre prouince s'estẽdãt en trois ou quatre cẽs lieus sans nulles impositiõs, celuy de la Mer seroit incontinent ouuert, & celuy des Indes encore ne pourroit tarder de l'estre. Les Hollandois qui en sçauent desia bien les chemins n'ont enuie de les oublier. Nous ne verrions pas seulemẽt ces pays restablis en leur antienne splendeur, mais qui plus est iouyr de dauãtage de prosperité, de grandeur & de commodité qu'ils n'õt iamais faict. C'est à la verité toute autre chose d'estre soubs vn grand Roy ou les fortunes se font grandes, que soubs vn petit prince, ou elles sont reduites, ou d'estre soubs vn Roy voisin ou soubs vn qui est eslogné. Quãd celuy d'Espagne semeroit & feroit pleuuoir de grases & des faueurs, lenuie de la nation

Espagnolle par les mains de qui tout passe n'ẽ laisseroit tõber vne seule gouste sur nous autres qui ne serons iamais capables parmi eux que de foules de desfaueurs & d'oppressions. Les benefices, gouuernemẽs, estats & offices de ses pays mesmes d'ou nous voyõs les Espagnols & autres estrangers pourueus ne seroint concedez qu'a nos compatriotes: bref nous ne donnerions pas ces pays icy à la France, mais la Frãce a ces pays qui en ont esté autrefois distraits sont aysez a y resioindre: & n'aurõt iamais repos qu'ils ne le soint cõme ils n'ẽ ont point eu depuis leur separation, il n'y a murailles, Mer ny Mõtagnes entre deux qui l'empeche, nos meurs, nos loix & coustumes sont sẽblables ou tres-peu differentes, & sommes la plus part de mesme langue, plusieurs d'entre nous y sont apparẽtez, &

auons prins origines des vns des autres : Au reste nous nous regiõs tousiours par nos estats generaux, mesme ainsi que font les autres prouinces qui se sont portees à la Frãce pour leur conseruatiõ, & sans en estre necessitees, cõme nous sommes apresent, qu'il semble que nous ne le sçaurions differer sans prendre vn si grand sault qu'il nous seroit du tout impossible de nous en pouuoir iamais releuer. Ie prie à Dieu de nous faire la grace de l'euiter, & iettãt ce dernier ancre de salut qui nous reste en la main, d'ẽbrasser prõptemẽt ceste salutaire propositiõ, vers laquelle toutes celles que l'õ nous pourroit faire pour paruenir a vne paix, & euiter nostre ruine entiere se trouuerõt, ie ne diray pas sans effect, mais qui plus est sans aucunes apparence qu'elles puissent iamais reussir.

www.ingramcontent.com/pod-product-compliance
Ingram Content Group UK Ltd.
Pitfield, Milton Keynes, MK11 3LW, UK
UKHW022144170726
13837UKWH00004B/1763

9 782019 952716